AF326072

MÉTHODE DE CHANT

POUR VOIX D'HOMMES.

Les exemplaires non revêtus des griffes de l'auteur et des éditeurs seront réputés contrefaits et poursuivis conformément aux lois.

IMPRIMERIE DE MOQUET ET COMP.,
90, rue de la Harpe.

MÉTHODE

DE CHANT

POUR VOIX D'HOMMES,

DIVISÉE EN VINGT-QUATRE LEÇONS,

A L'USAGE

DES COLLÉGES, ÉCOLES NORMALES, ÉCOLES MILITAIRES
ET COURS D'OUVRIERS,

PAR

Joseph Mainzer.

———◇———

TROISIÈME ÉDITION.

———◦◦◦◦◦———

PARIS,

CHEZ LANGLOIS ET LECLERCQ,

81, RUE DE LA HARPE.

1843

PRÉFACE

Pour parvenir à un *enseignement général de la musique*, il est indispensable de le distinguer d'une *éducation purement musicale*, et c'est une grande erreur que d'appliquer aux écoles primaires et aux cours généraux des méthodes qui ne sont pas basées sur cette rigoureuse distinction ; car il existe une grande différence entre la lecture musicale et la connaissance complète de l'art ; l'une produit des *musiciens*, l'autre des *artistes*.

Il est nécessaire que tout le monde sache lire et écrire, mais rien ne serait si pernicieux que si chacun voulait devenir homme de lettres. Il en est de même de la musique. Celui qui veut étudier l'art dans toutes ses profondeurs, dans toutes ses nuances, doit y consacrer sans partage une vie entière ; mais, pour s'initier à ses principes, en developper le goût, pour apprécier les œuvres de l'art et aider à leur exécution, tout le monde peut obtenir ces résultats, et n'a besoin, pour cela, que de s'y adonner dans ses heures de loisir.

Ce peu de mots expliquera pourquoi cette méthode est purement pratique.

L'abrégé des règles que je donne dans le présent ouvrage suffit à la lecture musicale et à l'amélioration du chant dans la classe du peuple, les colléges et les régiments. Quand on saura bien exécuter tous les exercices qu'il contient, l'on pourra aborder par gradation les chœurs religieux, les chœurs militaires et ceux des ouvrages dramatiques. Cependant, afin de ne pas abandonner trop tôt les élèves à leur propre choix, j'ai donné, comme suite de mes méthodes, dans ma *Bibliothèque élémentaire de Chant,* une collection de chœurs de touts les genres différents.

Joseph Mainzer.

INTRODUCTION.

Le goût pour la musique est une plante qui, favorisée par la nature, croît sur maint terrain; mais elle ne se perfectionne sans culture sur aucun.

HUME, *Essay of critic*.

Les premières impressions que l'homme reçoit sont celles qui se perçoivent par les sens. Plus il avance dans la vie, à mesure qu'il voit s'évanouir une à une les illusions, plus aussi son intelligence devient propre aux abstractions. Il marche par degrés des idées matérielles à celles qui sont le résultat de la réflexion.

La vie d'un peuple est la même que la vie d'un homme. Plus il est près de l'état de nature, plus il se trouve sous la domination des sens. Les degrés qu'un peuple a franchis sur l'échelle de la civilisation pourraient facilement être déterminés par les instrumens qu'il emploie pour éveiller ou contenter ses sensations. Des sonnettes, des crécelles, des tambours, des sifflets, voilà les instrumens d'un peuple sauvage; des cris et des psalmodies monotones, voilà ses chants.

Les peuples qui vivent de l'agriculture sont soumis à certaines lois sociales; chez eux, la musique cesse de n'être que du bruit; elle s'étend avec le cercle des sentimens, comme le langage avec celui des idées.

Dès que l'on fut parvenu à construire un sens au moyen d'une série de sons, la musique commença à devenir un art. Dès lors aussi, un violent ébranlement des sens, dénué de but et d'intelligence, ne pouvait plus être du domaine de la musique, qui s'emparait graduellement des sensations les plus douces, des sentimens les plus profonds, les plus insaisissables pour les transmettre d'une âme à l'autre.

Puissante donc, et infiniment plus puissante que la langue des mots à exciter ou à calmer les affections, les sentimens, les passions du cœur de l'homme, de l'homme à tout âge, enfant ou vieillard, quel rôle important la langue musicale serait-elle appelée à jouer si elle était bien dirigée, si l'on parvenait à faire tourner son influence au profit de l'enseignement du peuple! Mais il faudrait pour cela rendre à la musique cette place dans l'éducation, que lui donnaient les peuples anciens, et veiller attentivement sur elle, afin de la préserver de la dégénération.

Le chant surtout doit être considéré comme partie essentielle de l'éducation; mais enseigner le chant dans les écoles d'enfance, cela ne veut pas dire former autant de musiciens, autant d'artistes qu'il y a d'enfans. La conviction de son utilité est née d'une pensée plus profonde : un résultat qui doit agir sur toute la vie d'un peuple est bien plus important.

Le perfectionnement du langage et du sens auditif dérive d'abord de l'enseignement de la musique vocale. L'expérience de la jeunesse allemande a suffisamment prouvé que non-seulement le chant n'est pas à redouter comme nuisible à la santé des enfans, mais qu'au contraire on est arrivé à le considérer comme un des moyens les plus efficaces pour donner force et vigueur à tous les organes qu'il met en action. Outre son influence salutaire sur le physique, il en exerce une plus puissante encore sur le moral. Il est hors de doute que le chant a un pouvoir extrème sur l'âme et le cœur de l'enfant. C'est le chant, uni à des paroles à la portée de l'intelligence de la jeunesse, de cet âge de poésie, qui forme le cœur, y fait germer les bons principes, et y grave en caractères ineffaçables les sentimens généreux; c'est le chant qui le rend sensible à tout ce qui est beau, à tout ce qui est grand; c'est lui qui modère cette prétention orgueilleuse, suite presque inévitable d'une éducation purement intellectuelle. A tous ces avantages se joint encore la jouissance qui s'attache à cet enseignement. L'enfant savoure les fruits de cette étude dès les premiers pas qu'il y fait; l'école devient attrayante, la maison paternelle gagne en agrémens, les liens domestiques en solidité. Le goût, le sentiment du beau, celui de l'ordre, en sont les conséquences inévitables. La musique est pour la culture du cœur ce que sont les mathématiques pour celle de la raison. C'est par ce motif, sans aucun doute, que les anciens législateurs se servaient de la musique comme d'un puissant auxiliaire pour initier le peuple à leurs doctrines.

En Égypte et en Grèce les lois étaient chantées, et, d'après Quintilien, (*Institut. orat.* lib. 1, c. 16), dans l'antiquité, le mot *musicien* avait la même signification que *sage* ou *prophète*. La mutilation d'un artiste était punie de mort.

Les arts étaient intimement liés aux actes les plus graves de la vie. Dans tout ce qui avait rapport au culte des dieux et aux choses divines, la musique accompagnait la doctrine. Selon Burney (*History of music, V*, p. 222) on rendait les oracles en chantant. La musique était adoptée, ainsi que la poésie, par tous les sages, soit pour rendre l'enseignement plus agréable, et pénétrer plus facilement dans l'esprit des peuples, soit pour s'inspirer soi-même, comme Élisée devant le roi d'Israël. Buddeus prétend que Pythagore avait remporté la palme sur toutes les sectes philosophiques de la Grèce par l'heureux usage qu'il faisait de cet art.

Les premiers chrétiens propagèrent la nouvelle morale par des chants.

Luther, ce moine si terrible dans ses combats contre le despotisme de l'évê-que de Rome, devant lequel tremblaient encore alors tous les rois de l'Europe, puisait sa force dans les chants. Il en empruntait même des ménétriers aveugles qui chantaient devant sa porte.

Déjà, avant la réformation, le chant avait été introduit en Bohême par Huss. Tous les chefs de l'église réformée sentirent son influence et en firent usage. Wicleff fit de même en Angleterre.

Des armées entières, en présence de l'ennemi, s'excitaient à la victoire par des chants belliqueux; les bardes seuls avaient le noble privilège d'entonner le chant de bataille.

Les armées françaises ne furent pas toujours muettes comme elles le sont aujourd'hui. Charlemagne, selon Busby (*History of Music*), aimait beaucoup les chants guerriers, il en faisait faire des collections, et exigeait que chaque soldat les sût par cœur.

La musique, en général, d'après Forkel (*Geschichte der Musik*), paraît avoir été, dans le moyen-âge, plus cultivée en France qu'en Allemagne, et cette dernière a été redevable à l'autre de ce fécond enseignement. La musique fut importée en Allemagne principalement par des chevaliers et des troubadours provençaux envoyés aux différentes cours, où on les reçut avec beaucoup de distinction et de prédilection à cause de leur chant. Un troubadour alle-mand, Eschilbach, dit dans une de ses poésies que le véritable chant est venu de la Provence en Allemagne.

> « Von der Profanz ins Deutsche Land
> » Die aechte Maehr'uns ward gesandt. »

Les Saxons et les Danois avaient en tête de leurs armées des chanteurs s'ac-compagnant sur des harpes.

« Qui n'a pas connaissance, dit Herder, des miracles des bardes et des » scaldes? Des effets merveilleux produits par les troubadours et les

» ménestrels? Comme le peuple avide s'attroupait autour d'eux ! Et quel
» monde nouveau s'ouvrait alors devant lui! Qu'il était sacré ce chant dans
» lequel le peuple apprenait l'histoire, les traditions, et avec elles le
» langage et les mœurs! Ce n'était qu'un chant simple, mais un chant fort,
» un véritable chant plein de mouvement, plein d'action, un appel au cœur;
» c'étaient des accens sévères, des flèches tranchantes pour l'âme ouverte à
» la vérité. »

C'est par des chants que les missionnaires parcourant les Indes agissaient sur l'esprit et la mémoire des peuplades; c'est par des petits cantiques qu'ils leur enseignaient les dogmes et les prières de la religion. Des voyageurs affirment que l'on retrouve encore dans la bouche de ces nations les cantiques des missionnaires même, dans les contrées où le but religieux a complètement échoué.

Le *Ranz des Vaches* ne fut-il pas défendu sous les peines les plus sévères, parce qu'il rappelait aux enfans de la Suisse, servant loin de leur patrie, leurs montagnes, leurs souvenirs, leurs affections, les faisait fondre en larmes et déserter, ou mourir du *mal du pays*.

Les Prussiens ont fait revivre le chant de guerre dans les campagnes de 1756. Les chœurs militaires étaient chantés par toutes les compagnies.

En Allemagne, dans les ateliers, les ouvriers entonnent des chœurs qui ont rapport à leur métier; ils chantent bien et juste; le temps se passe et le travail va plus vite; le soir arrive, on s'est amusé sans avoir cessé un instant de travailler.

Dans les campagnes, les habitans, réunis devant les portes de leurs maisons, chantent le soir avec leurs voisins et les enfans de leurs voisins. Durant les soirées d'hiver, il est d'usage que le père, assis à table, auprès du foyer, entouré de sa femme, de ses enfans et de ses domestiques, entonne un cantique religieux pour remercier Dieu de la journée qui vient de s'écouler, puis d'autres chansons pour raccourcir, en l'égayant, la longueur de la veillée.

Mais rien n'est si grand, si remarquable que les chœurs des élèves dans les grandes écoles des villes; que ne puis-je parler en détail des collèges de toutes les provinces de l'Allemagne, des écoliers de *Saint-Thomas* à Leipsick, et de *Sainte-Croix* à Dresde! Les rues ne sont pas assez larges pour les auditeurs, quand ils passent le soir ou s'arrêtent devant une maison pour chanter le souvenir de ceux qui ont laissé une dotation à leur école.

C'est un beau spectacle quand les étudians, flambeaux en main, vont chanter devant la maison d'un de leurs professeurs; il faut entendre alors ces chœurs joyeux, pleins de vie, pleins de force et d'énergie.

Et lorsque la nuit ils marchent d'un pas lent et grave à la suite d'un cercueil, pour accompagner un de leurs camarades au cimetière, sa dernière demeure ; comme leurs chants deviennent sombres, tristes à la fois et résignés !... Ils entourent la fosse, font à leur ami un adieu, et leurs accords s'exhalent comme le dernier soupir d'un mourant ; puis ils penchent leurs flambeaux vers la terre ; les chants ont cessé, la lumière a disparu, et une cloche lointaine sonne minuit.

Avec quelle ardeur on voit ces mêmes étudians courir à la frontière quand leur patrie est en danger ! C'est toujours à la tête des armées et en entonnant des chants de guerre qu'ils se jettent au devant du feu des ennemis.

Il est une scène qui ne s'oublie jamais, quand une fois on a eu le bonheur d'en être témoin, c'est la célébration de la messe dans un camp autrichien : autour d'un autel formé avec les caisses des tambours posées les unes sur les autres, en pyramide, sont rangés dans le plus profond recueillement, les régimens de toutes armes ; bientôt commence une musique sacrée devenue populaire, et de ces milliers d'hommes s'élève comme une seule voix qui monte aux nues, belle, forte, pure, et empreinte du plus profond sentiment religieux. J'ai rencontré de vieux soldats qui, au seul souvenir de ce moment solennel, ne pouvaient dissimuler les larmes qui s'échappaient de leurs yeux.

Mais pourquoi rappeler d'autres temps et d'autres peuples, si de nos jours et sur le sol de la France, on a vu des exemples de l'influence du chant, tels que n'en présentent les annales d'aucune autre nation ? N'était-ce pas la *Marseillaise*, ce chant magique que tous connaissent, que tous fredonnent, que tous admirent, depuis l'homme du peuple jusqu'à l'homme du pouvoir ; n'était-ce pas la *Marseillaise* qui faisait la force des armées françaises ? N'est-ce pas à ses accens d'un entraînement irrésistible que l'ouvrier quittait son atelier, abandonnait femme et enfans pour aller en manches de chemise, sans chaussure, grossir les rangs de l'armée républicaine ?

« Le chant guerrier appelé la *Marseillaise*, dit Lavalette dans ses Mémoires
« (T. i, p. 150), jetait dans tous les cœurs une émotion si profonde et un en-
« thousiasme si puissant, qu'à ses premiers accens les troupes se précipitaient
« sur l'ennemi avec une impétuosité à laquelle il était impossible de résister. Au
« Gassberg, près de Weissembourg, l'ennemi avait couronné le plateau de cette
« élévation par trente pièces de canon qui vomissaient la mort avec une épou-
« vantable furie ; les troupes s'avançaient lentement ; quand elles furent au
« pied de la position, le chant guerrier se fit entendre : à l'instant, et comme
« emportés par un tourbillon, les bataillons franchissent l'espace, la position
« est emportée, les batteries en notre pouvoir et l'ennemi en fuite. »

Rendez aujourd'hui encore la *Marseillaise* aux armées françaises, et, toujours victorieuses, elles porteront le drapeau tricolore aux pôles du monde. Une armée qui chante est une armée invincible.

Quand l'histoire ne donnerait que cet unique exemple du pouvoir de la musique, il suffirait pour ouvrir les yeux à ses plus grands détracteurs; il suffirait pour convertir les hommes qui tiennent dans leurs mains la destinée d'une grande nation; les âmes creusées par le calcul, les cœurs desséchés par la spéculation, tous ceux qui n'ont de sympathie que pour les roues, ne connaissent d'autres forces que celles de la vapeur, d'autres liens entre les hommes que les chemins de fer, qui ne rêvent d'autre avenir que l'âge d'or des machines!

Mais si l'influence musicale est si grande sur l'homme, n'est-ce pas une question vitale pour ceux qui travaillent à l'avenir de la société, pour ces hommes qui calculent les fruits du lendemain d'après les travaux de la veille; n'est-ce pas un objet digne de leur grave sollicitude que la propagation de la musique parmi la jeunesse et le peuple? N'est-il pas d'une haute importance de ne graver dans les jeunes cœurs que ce qui leur sert de direction pour l'avenir, ce qui leur inculque l'amour pour la vertu, pour ce qui est honnête, beau, ce qui est juste? — Ce qu'on apprend à chanter on ne l'oublie pas; les impressions produites par des chants sont les plus doux, les plus durables souvenirs de l'homme; car il y a une très-grande analogie entre les vibrations de l'air et celles des cordes de l'âme, chaque son du dehors trouve un écho, chaque appel une réponse; la douleur et la joie, l'allégresse et la plainte, l'espoir et le souvenir, l'amour et la souffrance, trouvent une corde vibrante dans l'âme, cette harpe divine!

C'est là qu'est la source de la musique; là aussi est sa force, et là seulement doit être son avenir. Celui qui sait, par l'onction de ses accens, arriver jusqu'à ce sanctuaire, remplit une mission sacrée, la véritable mission de l'artiste. Il a su parler à l'âme, et la langue que parle le compositeur, celle des sons, est une langue pure; elle n'a pas de mots pour le mensonge, pour l'injustice; ce qu'elle dit est vrai et se grave en caractères indélébiles au fond de notre cœur.

Un grand philosophe a dit : « La musique est le meilleur art de tous. Il n'a » rien de commun avec le monde; on ne le trouve ni devant les juges ni dans » les controverses. » C'est à peu près ce que Montesquieu disait en d'autres termes (*Esprit des Lois.*) « La musique est le seul de tous les arts qui ne cor- » rompe pas. »

Mais cet art, le plus populaire de tous, le plus influent, le plus religieux, jusqu'à présent propriété de quelques élus, était renfermé dans un cercle qui se montre de jour en jour trop étroit. Les théâtres et les salons ne lui suffisent plus; il veut avoir sa place au foyer domestique, au village comme à la ville; il veut prendre part aux fêtes de famille comme aux fêtes publiques, soit politiques, soit religieuses; il veut enfin être présent au travail comme il l'a été à la jouissance, afin de modérer, de sanctifier celle-ci, de consoler, d'encourager celui-là ; en un mot, la musique descend du salon dans l'atelier et dans la rue.

La musique bien dirigée, le chant surtout, accompagné de poésies d'une signification grave et élevée, est destiné, selon nous, à devenir un des puissans moyens de moralisation : enseigner à chanter, c'est former le cœur ; enseigner à chanter, c'est prêcher la morale.

En France, la musique vocale est restée inculte ; la puissance de la voix humaine n'a pas été comprise, et pourtant il y a un secret, une vertu toute mystérieuse dans la voix de l'homme : elle se communique comme une étincelle électrique, saisit l'homme et l'ébranle jusqu'au fond du cœur. « Comme » tous les instrumens, dit Guéroult, sont faibles à côté de celui-là. Comme » tout ce mécanisme, tout ce bois, tout ce cuivre, toutes ces cordes sont » froides auprès de ces émotions qui passent sans intermédiaire d'un cœur » dans un autre ! L'art lui-même a disparu ; j'entends la voix de l'homme, » sa douleur, sa joie, et à ce cri toute ma douleur, toute ma joie s'éveillent » et sympathisent. »

Une réunion de chanteurs est une réunion de frères, dit Herder.

La musique vocale, d'une si haute influence est, à peu d'exceptions près, inconnue aux élèves des colléges. Cette grande fraction de la jeunesse française, d'où doivent sortir un jour les hommes d'état, les magistrats, les hommes éminens par leur capacité et leur intelligence, reste muette et étrangère aux impressions d'un art dont plus tard elle sera peut-être appelée à régler les destinées.

Dans les Écoles normales, la pépinière des instituteurs de qui l'enfance de tant de millions d'hommes doit recevoir les premières connaissances, de l'instruction desquels dépend l'emploi des premières années de la vie, avec toutes les incalculables conséquences des principes qu'ils auront enseignés, le chant a été reconnu comme indispensable et prescrit comme tel ; mais, soit insouciance de l'autorité, soit mollesse ou incapacité dans l'enseignement, les résultats n'ont pas, jusqu'à ce jour, répondu à l'attente générale. Cette branche d'instruction doit être mise sous une direction et une surveillance toutes spéciales ; et le candidat de l'École normale devrait trouver à Paris une école centrale de musique, où il pût apprendre ce qui lui est nécessaire de savoir pour sa future vocation.

Le chant dans l'armée française, sauf quelques chansons qui portent l'empreinte d'une frivolité grossière, est totalement ignoré.

Que si, après de rudes journées de travail, les ouvriers accourent avec tant d'empressement aux cours qui leur sont ouverts et en éprouvent des résultats si bienfaisans dans leur vie domestique, combien un tel enseignement ne serait-il pas favorable à l'armée ! et quel plus noble emploi les soldats

pourraient-ils faire de leurs longues heures de désœuvrement ! Qu'il serait facile , à l'aide des musiciens des régimens , ou , comme dans l'armée prussienne , à l'aide des officiers, d'organiser de grandes écoles de musique vocale ! Alors on arriverait à ces grands résultats dépeints par Ambert (1). La
» grande voix du régiment se ferait entendre ; les compagnies répondraient
» aux compagnies, et les bataillons marcheraient avec l'orgueil des cohortes
» anciennes. — Oh ! alors je n'en doute pas , les choses miraculeuses que le
» fanatisme faisait exécuter jadis se renouvelleraient de nos jours. »

Guéroult dit : « Pour donner une grande impulsion, je ne sache rien de plus
» efficace que l'éducation musicale de l'armée; il faut que l'art sorte aujour-
» d'hui de ces petits tabernacles bourgeois; il faut qu'il descende dans le peu-
» ple, et qu'il aille chercher des recrues dans ses derniers rangs. Or, l'armée
» c'est le peuple assemblé, le peuple discipliné, hiérarchisé, organisé; c'est
» une députation du peuple prête à recevoir le feu sacré pour le porter en-
» suite sur toute la surface du territoire. Le peuple est aujourd'hui la grande
» pépinière où les partis épuisés vont se renouveler; rien de grand ne se fait
» aujourd'hui qu'en son nom, qu'au nom de ses intérêts.—Que le savoir donc
» soit distribué au peuple, que l'industrie s'occupe de son bien-être, il y a là
» pour des siècles de travaux; mais que l'art aussi ait sa part dans les libéra-
» lités de ses puissans amis. Nous le demandons pour le peuple et pour l'art :
» pour le peuple, que l'art annoblira, élèvera, moralisera; pour l'art, qui,
» armé de la voix puissante du peuple, pourra enfin sortir des serres-chaudes
» où il est cultivé, et pousser ses racines en pleine terre, en plein vent, en
» pleine humanité. Je le dis avec une entière conviction, le jour où l'art quit-
» tera les boudoirs pour la place publique, une révolution plus grande aura
» été accomplie que lorsque de l'église il est monté sur le théâtre. Oui, faisons
» de la démocratie en musique; ce sera une démocratie bienfaisante, pacifique;
» toute à l'avantage de tous. »

Joseph MAINZER.

(1) Esquisses historiques des armées françaises, par Joachim Ambert.

MÉTHODE DE CHANT.

PREMIÈRE LEÇON.

§ 1. — DES SONS.

La Musique se compose de **SONS**.

C'est la réunion de sons successifs qui forme une phrase musicale, comme une réunion de mots compose une phrase du langage.

Il y a des sons élevés et des sons bas, ou aigus et graves.

On distingue encore en écoutant de la musique des sons longs et des sons brefs.

§ 2. — DES NOTES.

Pour représenter les sons, on se sert, dans l'écriture musicale, de signes qu'on appelle **NOTES**.

Les notes ont cette forme :

Les sons aigus ou graves sont indiqués par la place que les notes occupent sur la portée.

Une **PORTÉE** est ainsi tracée :

C'est en commençant par en bas que l'on compte les lignes de la portée :

On ne place pas les notes seulement sur ces cinq lignes, mais encore entre les lignes :

Une note placée bas sur la portée représente un son bas, et la note qui occupe une ligne élevée indique un son élevé.

La voix doit, en chantant, suivre la même échelle : monter à mesure que les notes montent sur la portée, et descendre comme les notes descendent.

§ 3. — DÉNOMINATION DES NOTES.

Pour distinguer les notes les unes des autres, on leur donne des noms différents :

UT, ou DO, RÉ, MI, FA, SOL, LA, SI, UT DO.

Les dénominations des notes UT, ou DO, RÉ, MI, FA, SOL, LA, SI, UT, DO se suivent toujours dans le même ordre, et elles désignent les notes et les sons se succédant par degrés de bas en haut.

Si donc la note qui se trouve sur la première ligne s'appelle UT, celle qui est entre la première et la seconde s'appellera RÉ, la note suivante MI, etc.

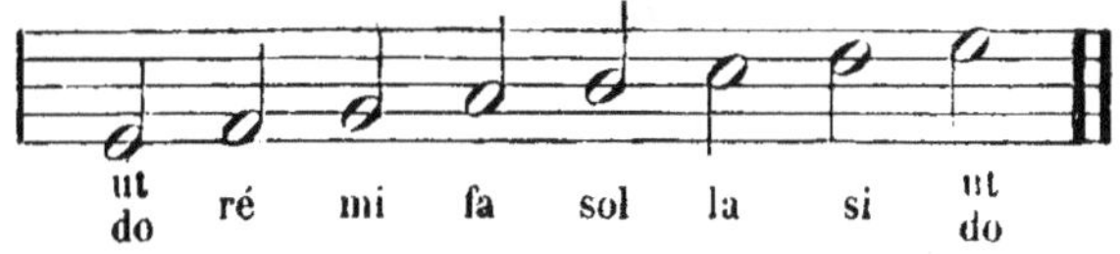

§ 4. — DES CLEFS.

Afin de reconnaître le nom des notes qui sont placées sur et entre les lignes, on n'a qu'à donner une dénomination fixe à une seule des lignes, et le nom de toutes les autres sera déterminé.

On emploie pour cela des signes qu'on appelle **CLEFS**. Il y a trois sortes de clefs: celle de SOL, celle de FA et celle d'UT.

La clef de SOL a cette forme : 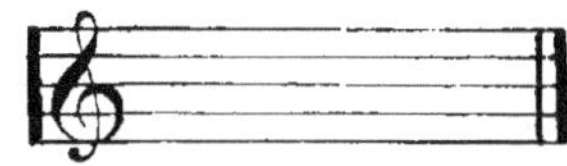

Cette clef repose sur la deuxième ligne. Elle donne, par cette raison, le nom de *sol* à la note qui est placée sur cette ligne. En partant de *sol*, la série des notes sera donc déterminée de la manière suivante :

La clef de FA a cette forme : 

et, d'après le même principe, la série des notes sera :

Comme on se sert pour les voix d'hommes de ces deux clefs, il est indispensable que l'élève apprenne à lire les notes selon l'une et l'autre. Pour lui en faciliter la connaissance, je commencerai les exercices par un petit nombre de notes dans l'une et l'autre clefs ; peu-à-peu il arrivera à les posséder toutes.

La clef d'UT étant destinée aux voix de femmes n'a pas besoin d'être expliquée ici.

§ 5. — EXERCICES DE CHANT.

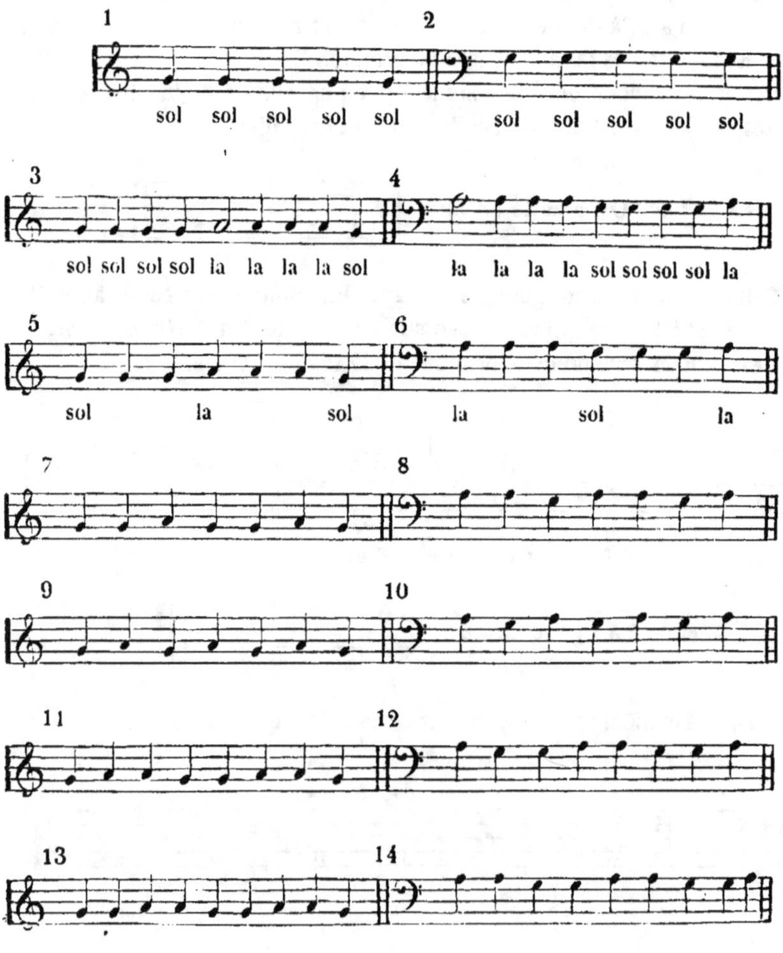

§ 6.

§ 7.

30
31
sol   fa
fa
32
fa   sol   la   sol   fa
33
34
fa   sol   la
35
36
37
38
39
40
41
42
43
44

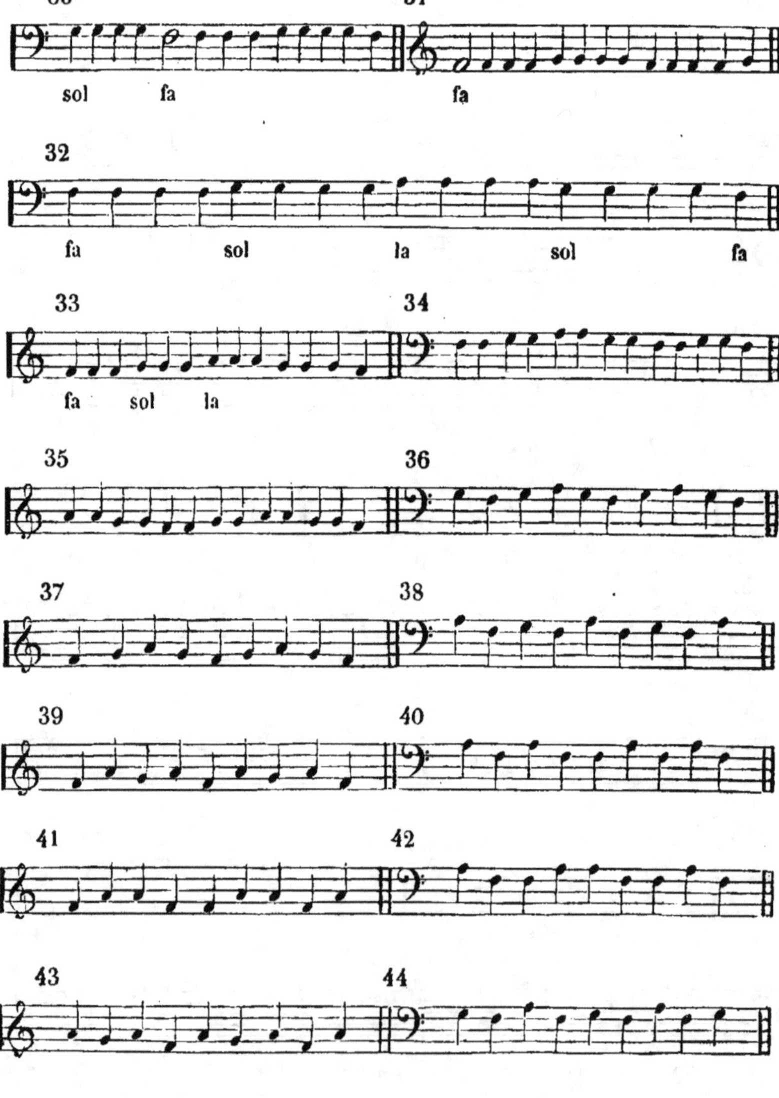

DEUXIÈME LEÇON.

§ 1. — DES TONS ET DES DEMI-TONS.

Quoique la distance d'une note à la note suivante soit la même, il n'en est pas ainsi des sons.

En chantant cette série de notes avec attention,

on trouvera que la voix marque involontairement le degré de *mi* à *fa* et celui de *si* à *ut* moins grands que les autres.

On appelle **DEMI-TON** la distance de *mi* à *fa* et celle de *si* à *ut*; les autres sont appelées **TONS** ou **TONS ENTIERS**.

Comme il est très essentiel de bien observer les demi-tons, nous les marquerons dans les exercices suivants par ce signe ⌒, comme nous l'avons déjà fait dans l'exemple précédent.

§ 2. — EXERCICES.

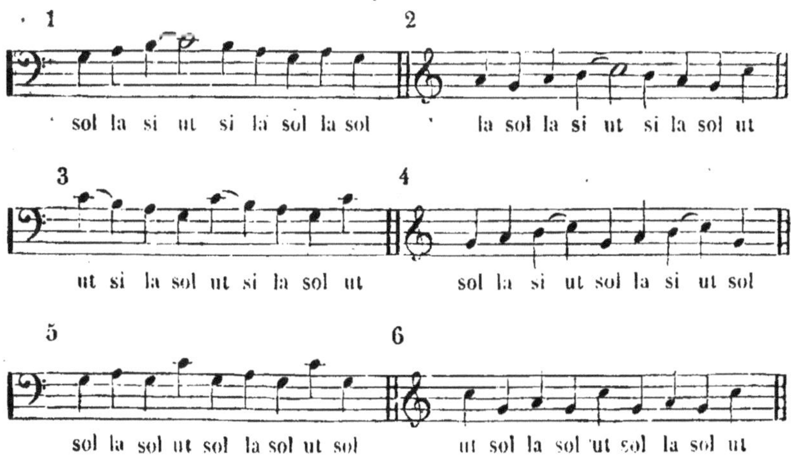

7
8
sol si ut sol
ut si sol
9
10
§ 3.
11
12
sol fa mi fa sol fa mi fa sol
fa mi fa sol la sol fa mi fa
13
14
la fa mi fa sol fa la
15
16
17
18
19
20
21
22
§ 4.
23
24
la sol fa mi ré
ré mi fa

TROISIÈME LEÇON.

§ 1.

§ 2. — EXERCICES A DEUX VOIX.

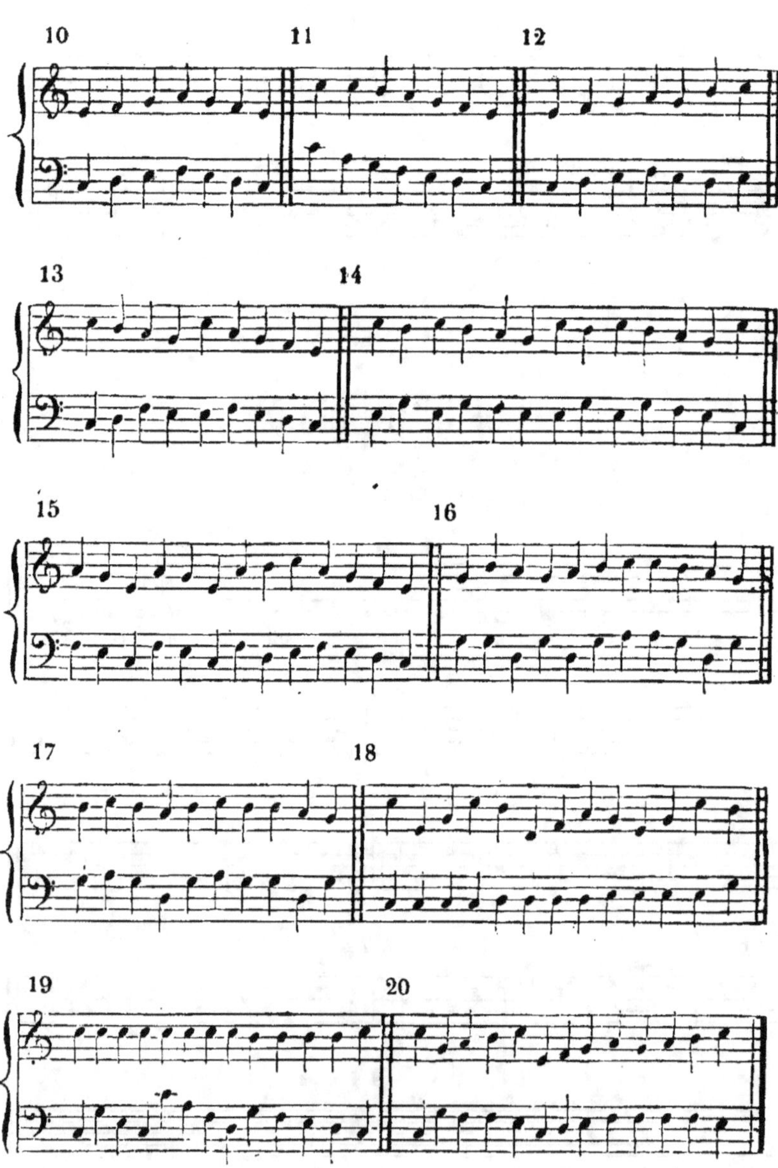

21

§ 5.

22

23   **24**

25   **26**

27   **28**

29   **30**

§ 4. — EXERCICES A DEUX VOIX.

31   **32**

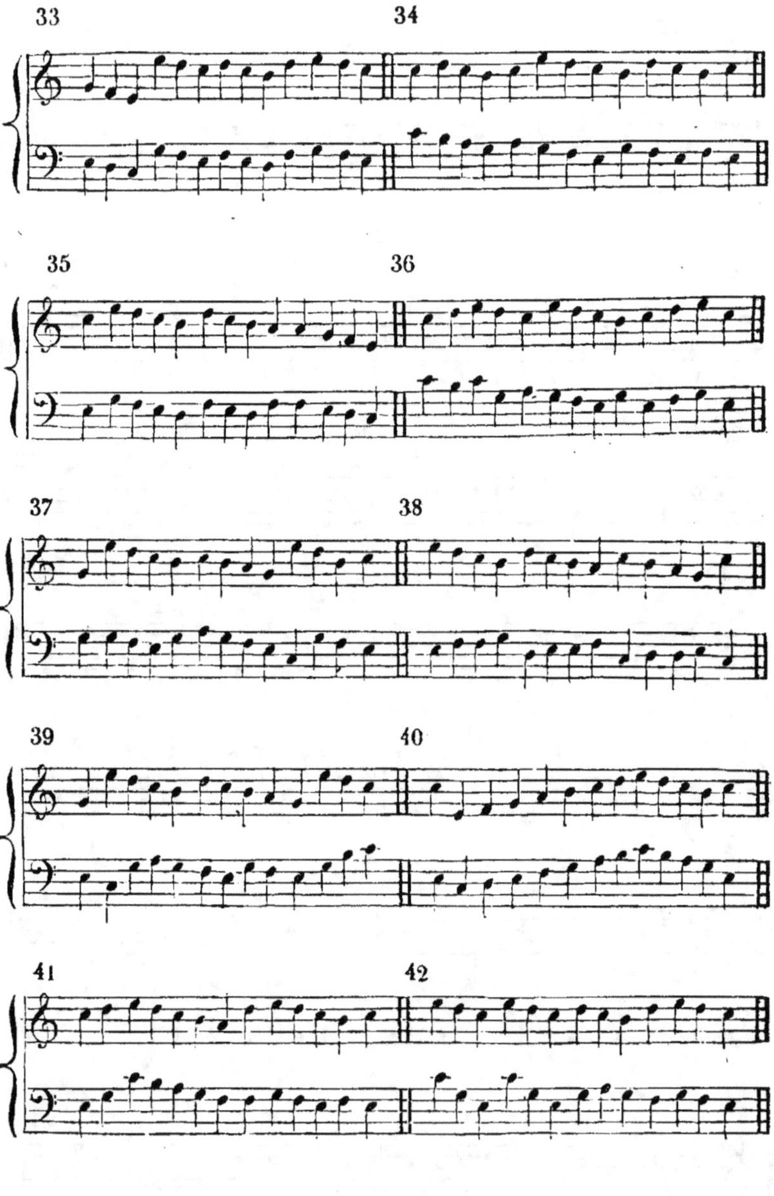
33
34
35
36
37
38
39
40
41
42

QUATRIÈME LEÇON.

§ 1. — DES DIÈSES ET DES BÉMOLS.

Dans la série des sons naturels, nous avons trouvé des tons et des demi-tons. Outre les demi-tons *mi - fa* et *si - ut*, on peut en former d'autres au moyen de signes qu'on appelle *signes d'altération*. Ces signes sont au nombre de trois :

    ♯ LE DIÈSE.

    ♭ LE BÉMOL.

    ♮ LE BÉCARRE.

Le DIÈSE (♯) *hausse la note devant laquelle il se trouve d'un demi-ton.*

Le BÉMOL (♭) *baisse la note devant laquelle il se trouve d'un demi-ton.*

Le BÉCARRE (♮) *remet la note dans son état naturel,* c'est-à-dire, il la rend telle qu'elle était avant son déplacement par un dièse ou un bémol.

Quand un signe d'altération domine dans un morceau, au lieu de le répéter devant chaque note, on le place une fois pour toutes immédiatement après la clef.

§ 2. — EXERCICES.

§ 5. — DES GAMMES.

La distance d'une note à une autre note du même nom s'appelle *octave* (huitième ton).

La série de sons successifs renfermés entre le premier et le huitième ton s'appelle *gamme*. On peut construire des gammes sur tous les tons. En prenant d'abord la gamme d'*ut, ré, mi, fa, sol, la, si, ut,* comme gamme normale, nous trouvons que les sons se succèdent de manière que les demi-tons se trouvent du troisième au quatrième et du septième au huitième degrés.

Pour construire des gammes sur d'autres notes que sur *ut*, il faudra donc placer les demi-tons au même degré ; si le demi-ton naturel ne s'y trouve pas, il faut en former artistiquement au moyen des dièses ou des bémols.

La gamme sur *sol* contiendra un dièse devant l'avant dernière note (*fa*) :

La gamme sur *ré* aura deux dièses :

La gamme sur *fa* aura un bémol devant *si* :

En continuant ainsi à construire des gammes sur chaque note, on trouvera que la gamme d'*ut* n'a aucun signe d'altération.

Celle sur *sol* a 1 dièse.

Celle sur *ré*, 2 dièses.

Celle sur *la*, 3 dièses.

Celle sur *mi*, 4 dièses.

Celle sur *si*, 5 dièses.

Celle sur *fa dièse*, 6 dièses.

Celle sur *ut dièse*, 7 dièses.

Celle sur *fa*, 1 bémol.

Celle sur *si bémol*, 2 bémols.

Celle sur *mi bémol*, 3 bémols.

Celle sur *la bémol*, 4 bémols.

Celle sur *ré bémol*, 5 bémols.

Outre ces gammes que l'on appelle *majeures*, il y a des gammes *mineures* qui se distinguent des premières par une autre position des demi-tons. Dans la gamme majeure, les demi-tons sont placés du troisième au quatrième et du septième au huitième degrés, dans la gamme mineure, les demi-tons se trouvent du deuxième au troisième et du cinquième au sixième degrés.

La gamme normale pour les gammes mineures est celle sur *la* :

En construisant des gammes mineures sur les autres notes, on trouvera que la gamme mineure sur *mi* aura un dièse :

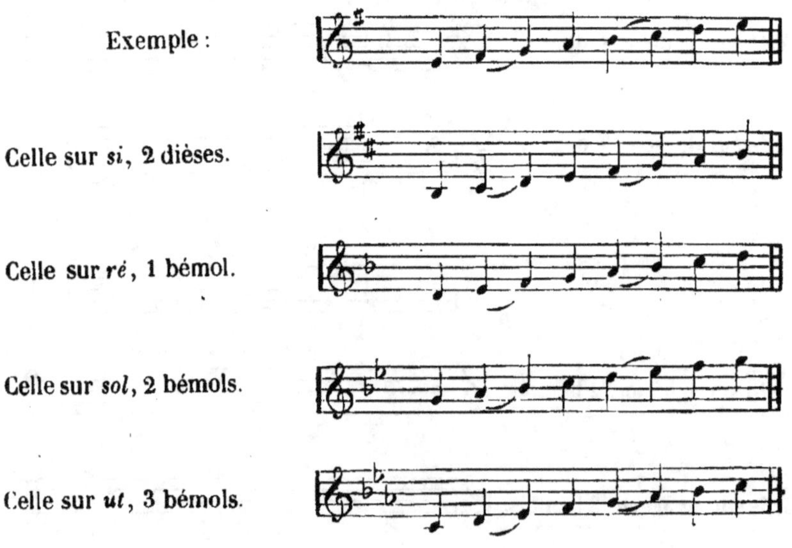

Exemple :

Celle sur *si*, 2 dièses.

Celle sur *ré*, 1 bémol.

Celle sur *sol*, 2 bémols.

Celle sur *ut*, 3 bémols.

Il y a plusieurs manières de former la gamme mineure. Les uns veulent que cette gamme soit différente en montant de ce qu'elle est en descendant. Pour le dernier cas, ils adoptent la gamme telle que nous l'écrivons avec les deux demi-tons placés, le premier du deuxième au troisième degré, et le second du cinquième au sixième; mais, en montant, ils introduisent une sixte et une septième majeures, ou une sixte mineure suivie de la septième majeure. D'autres conservent la septième majeure en montant comme en descendant. La raison de cette différence repose uniquement sur cette idée, savoir: *Que, dans la gamme mineure comme dans la gamme majeure, il faut qu'il y ait une note sensible;* autrement dit, qu'il doit exister un demi-ton entre le septième et le huitième degré. Notre gamme mineure, au contraire, ne présente pas cette note sensible, et, en conséquence, nous devons démontrer que cette note sensible, bien loin de faire partie nécessaire de la gamme mineure, n'est au contraire que purement accidentelle.

Il faut d'abord admettre que toute note essentiellement nécessaire à la tonalité d'une gamme devra se trouver dans cette gamme aussi bien en montant qu'en descendant. Par conséquent, si la note sensible est indispensable, elle le sera aussi bien en descendant qu'en montant. Si, au contraire, elle n'est pas un des éléments constitutifs de la tonalité, il faudra la rejeter, qu'on procède, soit de bas en haut, soit de haut en bas. L'opinion des meilleurs théoriciens est unanime sur ce point, et je crois qu'après avoir démontré ce qu'il faut entendre par ces mots: *essentiellement nécessaire*, il me sera facile de faire comprendre pourquoi j'écris toujours la gamme mineure d'une manière uniforme, soit qu'elle monte soit qu'elle descende.

Pour se tirer d'affaire, un grand nombre de théoriciens allemands n'ont rien trouvé de mieux que de considérer comme essentielle la note sensible et de la conserver en montant et en descendant; ils ont même pris soin de l'indiquer à la clef, de sorte que, pour spécifier la tonalité mineure, ils sont souvent dans la nécessité d'employer simultanément des dièses et des bémols. C'est ainsi qu'ils écrivent

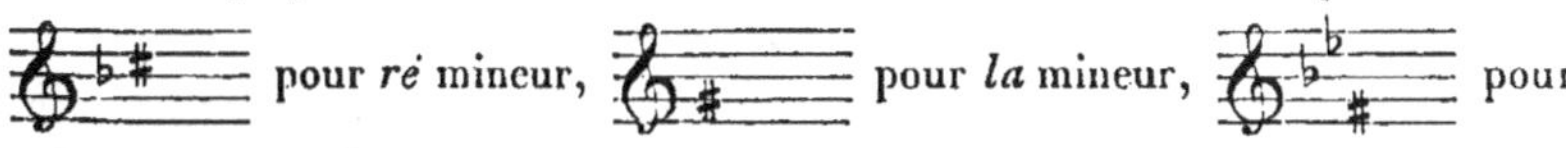 pour *ré* mineur, pour *la* mineur, pour

sol mineur, etc. Ils ne voient pas à quelle contradiction cela aboutit, car, pour indiquer le ton de *fa* mineur, il se trouve que le *mi* est à la fois bémol et bécarre

Ce système, quoique en apparence plus conséquent que les deux autres, est cependant le plus contraire aux exigences de l'oreille et ne renferme pas en outre les éléments essentiels d'une gamme. Au lieu de cinq tons et de deux demi-tons, la gamme ne contient ainsi que trois tons entiers (*secondes majeures*), trois demi-tons (*secondes mineures*) et une seconde augmentée. On ne peut donc y trouver les éléments essentiels d'une gamme diatonique. De plus, l'usage s'oppose entièrement à l'adoption de ce système, et il serait difficile de rencontrer cette manière d'indiquer la tonalité mineure chez aucun des compositeurs remarquables.

Tout ce que nous venons de dire suffirait déjà pour démontrer que la septième majeure ou note sensible ne peut pas être considérée comme essentielle dans une gamme mineure. Il existe encore d'autres raisons qui nous prouvent que cette note sensible ne doit être considérée que comme purement accidentelle, soit en montant soit en descendant.

On rencontre un nombre infini de compositions où la note sensible ne trouve pas place dans les tons mineurs, et c'est, presque sans exception, chez tous les compositeurs des quinzième, seizième et dix-septième siècles. C'est un fait reconnu, aussi nous n'en donnerons que quelques exemples :

André Gabrielis, dans le motet : *Caro meu vere est cibus.*

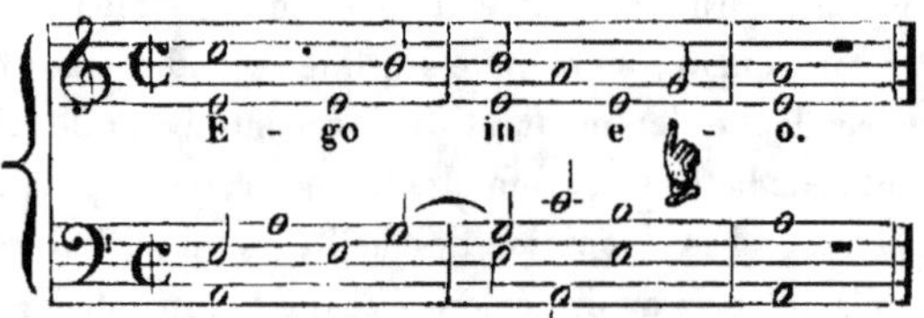

et Palestrina, (*Missa 6 voce*).

Dans le dix-huitième siècle, où l'on adopta plus communément l'harmonie de la dominante augmentée qui contient la note sensible, on trouve les deux manières employées indistinctement. C'est ainsi que, dans la messe à quatre voix de Marcello, nous voyons l'exemple suivant, avec la note sensible :

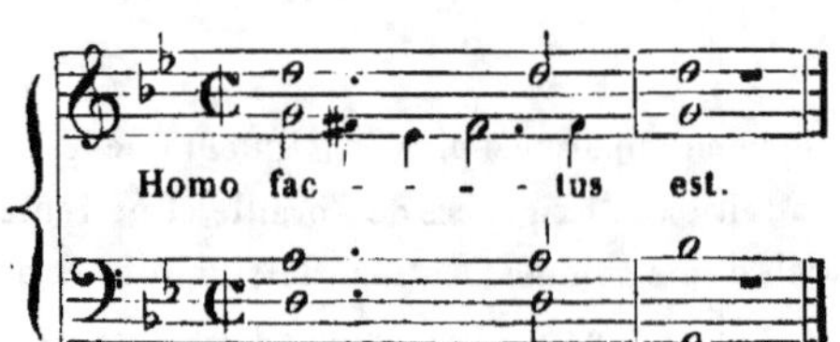

Et quelques mesures après, sans la note sensible :

Cependant peu à peu l'accord majeur sur la dominante devint d'un usage plus fréquent ; mais il ne fut pas pour cela regardé comme essentiel : c'est ce que prouve la manière dont on écrivait la gamme. Si la note sensible eût été réputée indispensable, on l'aurait indiquée à la clef ; mais c'est ce qui n'a jamais eu lieu et ce qu'on vient seulement de proposer de nos jours. Si l'on veut une preuve positive de ce que j'avance, on n'a qu'à consulter la *Méthode de Chant* de Marpurg, un des plus estimés théoriciens qui florissait pendant la seconde moitié du siècle dernier, et l'on trouvera ce qui suit dans cet ouvrage imprimé à Berlin en 1763, pages 113 et suivantes : « Les douze gammes mineures. . . . . . « ont les deux demi-tons placés du deuxième au troisième degré et du cinquième « au sixième. Exemple :

1   2   3   4   5   6   7   8

la, si, ut, ré, mi, fa, sol, la.

« Il est vrai que dans le chant on a coutume de suivre cette marche en descen- « dant seulement, comme :

8   7   6   5   4   3   2   1

la, sol, fa, mi, ré, ut, si, la,

« Tandis qu'en montant on établit un demi-ton entre le septième et le huitième « degré, comme :

1   2   3   4   5   6   7   8

la, si, ut, ré, mi, fa ♯, sol ♯, la,

« Mais cet usage ne change rien à l'essence de la tonalité, et les deux dièses « qui accompagnent ici le sixième et le septième degré ne sont que purement « accidentels ».

Si l'on voulait regarder aujourd'hui la septième majeure comme indispensable à la gamme mineure, alors il faudrait prouver que depuis 50 ou 60 ans on a changé la nature de la gamme mineure ; c'est ce qu'il est impossible d'admettre. L'emploi plus fréquent de la tierce majeure dans l'accord de la dominante repose donc sur une convention arbitraire ; notre oreille s'est habituée à ce nouvel effet, mais l'habitude aurait pu tout aussi bien maintenir l'effet contraire.

La septième non altérée est devenue plus rare, mais elle n'a pas été entièrement rejetée. On a voulu admettre les signes accidentels dans la gamme, et on est tombé ainsi dans de monstrueuses inconséquences, tant sous le rapport de l'armure de la clef que sous celui de la construction de la gamme elle-même [1].

Quant à ce qui a rapport au caractère *mélodique de la gamme mineure*, il est prouvé que l'existence de la gamme a précédé celle de l'harmonie. La gamme ne doit donc pas être formée d'après l'exigence de quelques harmonies spéciales, mais c'est l'harmonie qui doit suivre les lois de la gamme. Si donc quelques raisons mélodiques militent pour la gamme mineure sans la note sensible, nous devons voir là une preuve nouvelle de la justesse de notre assertion, quand nous disons que la note sensible n'est pas une condition essentielle de la gamme mineure. Je vais donner ici un modèle de cette gamme suivant les différentes manières de l'écrire.

Avec la sixte et la septième majeures.

Avec la sixte mineure et la septième majeure.

Avec la septième majeure.

Sans note sensible.

Que l'on chante toutes ces mélodies les unes après les autres, et assurément on ne tardera pas à voir laquelle des quatre est la plus agréable, la plus naturelle et la mieux en rapport avec la tonalité mineure. Il est évident que les gammes à notes sensibles, loin de plaire à l'oreille, la blessent. L'absence de cette note sensible, au contraire, donne souvent à la mélodie quelque chose de

(1) Pour juger des conséquences qu'entraîne un système aussi absurde, on n'a qu'à consulter les méthodes de piano, celle de Kalkbrenner, par exemple; on y verra, aux exercices des gammes mineures, que la main droite doit jouer la gamme avec la note sensible et la sixte majeure en montant pendant que la main gauche joue la même gamme sans note sensible et avec la sixte mineure en descendant, et *vice versâ*. L'unisson simultané de notes si opposées et produisant un effet si discordant, est plutôt propre à détruire qu'à faire naître le sentiment musical.

majestueux et de solennel. Le chant grégorien, si remarquable par ses beautés mélodiques, en offre beaucoup de preuves.

Palestrina, dans une messe à six voix, commence avec le thème suivant sans note sensible :

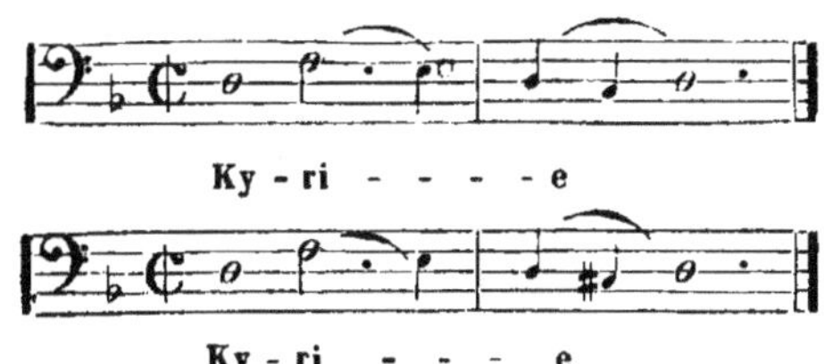

au lieu de :

Il en est encore de même dans le motet de Morales : *Lamentabatur Jacob.*

au lieu de :

Nous voyons donc que non seulement l'usage, mais encore les lois mélodiques, justifient l'absence de la note sensible dans les gammes mineures.

Pour bien comprendre la nécessité des signes d'altération et leur nombre dans les gammes différentes, il faut que l'élève écrive lui-même ces diverses gammes, car ce n'est qu'en les écrivant qu'il arrivera à leur parfaite connaissance.

Ceux qui ne font pas de la musique une étude spéciale peuvent se passer de la construction des gammes dans leurs combinaisons plus artistiques. Toutefois, il serait aussi facile qu'intéressant d'apprendre en quoi diffère le caractère d'un morceau de musique écrit sur une gamme majeure ou mineure.

Le ton majeur est gai, brillant et éclatant, tandis que le mineur a un caractère triste, sombre, plaintif ou mélancolique.

La cause de ces différences de caractère réside uniquement dans le placement des demi-tons. Comme parmi les exercices suivants il y en a qui appartiennent à l'un et à l'autre modes, c'est au professeur à les faire distinguer quand l'occasion s'en présentera.

CINQUIÈME LEÇON.

§ 1. — DE LA VALEUR DES NOTES.

J'ai parlé, dans la première leçon, des sons brefs et des sons longs. Il ne suffit pas de savoir qu'une note est plus longue ou plus brève, il faut encore que son plus ou moins de durée soit bien déterminé ; il faut que l'on puisse dire avec précision de combien une note est plus brève ou plus longue qu'une autre.

L'élévation des sons s'indique par la place que la note occupe sur la portée ; la durée s'indique par la forme des notes comme ci-après :

1° . . . . . . **Une Entière**, ou *Ronde*.

2° ou . . . **Une Demie**, ou *Blanche*.

3° ou . . . **Un Quart**, ou *Noire*.

4° ou . . . **Un Huitième**, ou *Croche*.

5° ou . . . **Un Seizième**, ou *Double-Croche*.

6° ou . . . **Un Trente-Deuxième**, ou *Triple-Croche*.

La durée de ces notes est suffisamment indiquée par leurs noms.

C'est sur la première, appelée *Entière*, que se mesurent toutes les autres ; par conséquent la *Demie*, ou note de deux quarts, est la moitié de l'entière et n'a que la moitié de sa durée ; le *Quart* est la quatrième partie de l'entière et n'a qu'un quart de sa durée, etc.

Dans le tableau ci-dessus, chacune des notes représente donc la moitié de celle qui la précède et le double de celle qui la suit ; et, dans le tableau ci-après, la première a autant de durée que toutes celles qui composent chacune des lignes suivantes :

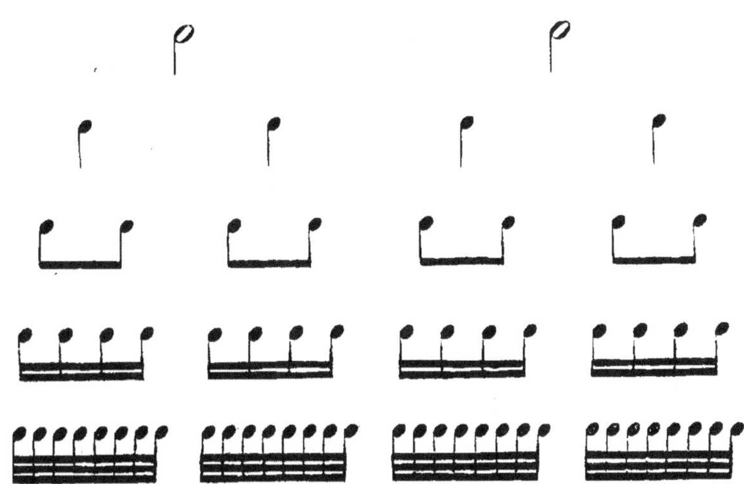

Avis. J'ai adopté ici la méthode allemande pour la dénomination des notes, relativement à leur durée, par ce seul motif que je la trouve plus rationnelle, et par conséquent plus claire et plus facile. Au lieu de distinguer les notes par : *rondes*, *blanches*, *noires*, *croches*, *doubles-croches*, *triples-croches* (dernière dénomination qui est en outre arithmétiquement fausse), les Allemands se bornent à une seule dénomination, l'*entière*; toutes les autres ne sont que des subdivisions dont chaque enfant sait trouver le nom, nom significatif et qui explique en même temps la durée de la note. Ainsi, que l'on connaisse l'unité, et cela suffit pour connaître en même le nom et la durée de toutes les subdivisions possibles.

En déduisant les conséquences d'une pareille simplification, nous verrons encore bien mieux combien il est étonnant qu'on n'ait pas pensé jusqu'à présent à éloigner de l'étude musicale tout ce qu'on lui a joint de superflu, d'embrouillé, pour ne pas dire de ridicule; car que veulent dire des dénominations qui n'expliquent et ne déterminent rien; que veulent dire ces mots : *rondes*, *blanches*, *noires*, *croches*? que veulent dire : *soupir*, *demi-soupir*, *quart de soupir*, *demi-quart de soupir* et *seizième de soupir?*

Suivant notre méthode, l'élève, aussitôt qu'il connaît le nom et la durée des notes, connaît en même temps le nom et la durée des pauses. N'est-il pas bien plus facile de comprendre qu'il y a autant de sortes de silences que de sortes de notes, et que ces silences portent les mêmes noms que les notes qui leur correspondent?

qu'il y a par conséquent des pauses entières, des demi-pauses, des quarts, **des** huitièmes, des seizièmes, des trente-deuxièmes de pause?

Mais ce n'est pas à cela seulement que se borne l'iufluence de notre simplification. Elle est bien plus sensible encore lorsqu'il s'agit d'expliquer à l'élève la *mesure*. Quel rapport, par exemple, y a-t-il entre la mesure $2/2$ et l'explication ordinaire: *mesure de deux blanches*. Comment peut-on faire comprendre $2/4$ par deux noires, $2/8$ par deux croches, $6/4$ par six noires?

N'a-t-on pas au contraire tout dit et tout expliqué par les mêmes chiffres, en employant notre méthode? Ainsi:

$2/2$ est la mesure de deux demies,

$2/4$ —   de deux quarts,

$2/8$ —   de deux huitièmes,

$6/4$ —   de six quarts, etc., etc.

Je suis assuré qu'il n'existe pas un seul enfant en France, pas un seul maître, tel habitué qu'il soit à la méthode en usage, qui ne préfèrent les dénominations que j'ai adoptées, par rapport à la clarté et à la simplicité de l'enseignement.

Ne voulant pas cependant imposer tout d'abord mon opinion, j'ai mis les dénominations usitées en regard de celles que je propose.

§ 2. — DES PAUSES.

Quand on entend de la musique, on s'aperçoit que toutes les voix, ou tous les instruments ne se font pas toujours entendre à la fois; ils cessent et reprennent souvent successivement; il faut donc que le chanteur ou l'instrumentiste ait, outre les notes, encore d'autres signes qui lui indiquent aussi quand il doit s'arrêter et quand il doit reprendre.

Ces signes s'appellent **SILENCES** ou **PAUSES**.

Il y a autant de sortes de pauses qu'il y a de sortes de notes.

Ainsi l'on compte :

Des **Pauses entières,**	ou	*Pauses.*
Des **Demi - Pauses,**	ou	*Demi-Pauses.*
Des **Quarts,**	ou	*Soupirs.*
Des **Huitièmes,**	ou	*Demi-Soupirs.*
Des **Seizièmes,**	ou	*Quarts de Soupirs.*
Des **Trente-Deuxièmes,**	ou	*Huitièmes de Soupirs.*

La *Pause entière* indique qu'il faut se taire aussi long-temps que dure une note entière ; la *Demi-Pause* indique un silence de la même durée qu'une demie ; le *Quart de Pause* a la valeur d'un quart, et ainsi de suite.

Le tableau suivant donne et la forme des pauses et leur valeur correspondante avec les notes.

La Pause entière. . . . . a la même valeur que .

La Demi-Pause . . . . —   —   —

Le Quart de Pause . . . . . . —   —   —

Le Huitième . . . . —   —   —

Le Seizième . . . . —   —   —

Le Trente-Deuxième . . . . . —   —   —

SIXIÈME LEÇON.

§ 1. — DE LA MESURE.

Au moyen de cette détermination précise de la valeur des notes et des pauses, on peut diviser un morceau de musique en petites parties égales. On indique cette division par des barres perpendiculaires. On appelle **MESURE** ce qui se trouve entre deux barres ; les barres elles - mêmes sont nommées **BARRES DE MESURE.**

§ 2. — DES TEMPS.

On appelle **TEMPS** les parties qui composent une mesure.

Les mesures sont plus ou moins longues, selon la valeur qu'ont les notes ou les temps qui les forment.

Ainsi il y a une mesure de

Deux Demies ou . . $\frac{2}{2}$ . .

De *Deux Quarts* ou $\frac{2}{4}$ . .

De *Trois Demies* ou $\frac{3}{2}$ . .

De *Trois Quarts* ou $\frac{3}{4}$ . .

De *Trois Huitièmes* ou $\frac{3}{8}$ . .

Cette division d'un morceau de musique en parties égales, ou en mesures, produit sur notre oreille un effet qui nous oblige à remarquer dans chaque partie le retour régulier d'une note qui se fait sentir par une accentuation plus forte, et frappe l'ouïe de préférence à d'autres notes. La première note de chaque mesure est toujours la note accentuée ; cette note accentuée revient donc plus ou moins vite , suivant que la mesure se compose de notes longues ou brèves ; c'est ce retour régulier de la note accentuée , joint à la division en parties égales d'un morceau, qui forme ce qu'on appelle la mesure dans le sens le plus étendu.

Chaque mesure a une seule note ou temps accentué ; ce temps accentué s'appelle **TEMPS GRAVE** ou TEMPS FORT, et les autres, **TEMPS LÉGERS** ou TEMPS FAIBLES.

La mesure à deux temps a donc un temps grave et un léger, et celle à trois temps un grave et deux légers. Cela s'applique aux mesures **SIMPLES**.

En supprimant la barre qui sépare deux mesures simples, on en forme une **COMPOSÉE**.

Une mesure composée de deux, trois ou quatre mesures simples a donc deux , ou trois, ou quatre temps graves, avec cette distinction cependant que le premier est le plus grave de tous.

Ainsi de deux mesures à deux temps on compose une seule mesure qui a le double de valeur de la mesure simple : la mesure de quatre temps. Elle a deux temps graves, le premier et le troisième. Exemple :

De deux mesures à trois temps on fait celle à six qui a, par conséquent, aussi deux temps graves, le premier et le quatrième :

De trois mesures à trois temps on obtient celle à neuf temps qui a trois temps graves, le premier, le quatrième et le septième. Exemple :

De quatre mesures à trois temps on compose celle à douze temps qui a quatre temps graves, le premier, le quatrième, le septième et le dixième. Exemple :

§ 5. — INDICATION DE LA MESURE.

La mesure s'indique au commencement de chaque morceau par des chiffres posés en fractions, par exemple : $\frac{2}{4}$ ou *deux quarts*. Le chiffre inférieur indique la valeur du temps qui est un *quart*, et le chiffre supérieur qu'il en faut *deux* pour faire une mesure.

Il en est de même avec les mesures de $\frac{2}{2}$, $\frac{3}{2}$, $\frac{3}{4}$, $\frac{3}{8}$, $\frac{6}{8}$, $\frac{9}{8}$, $\frac{12}{8}$,

La mesure de $\frac{4}{4}$ s'indique par ce signe : C. La mesure de $\frac{2}{2}$ par ₵ ou 2.

SEPTIÈME LEÇON.

§ 1. — EXERCICES.

§ 2.

§ 5.

§ 4. — EXERCICES AVEC PAROLES.

HUITIÈME LEÇON.

§ 1. — EXERCICES.

13

14

§ 2. — EXERCICES AVEC PAROLES.

15

16

17

18

Dans sa car - riè - re fé - con - de Le so -
leil sortant de ses eaux, Couvre d'u-ne nuit pro - fon-de Tous
les cé - les-tes flam - beaux, Tous les cé - les- tes flam- beaux.

19

L'or - me su - per - be, Et le brin d'her-be E -
ga - le -ment ré - vèlent la gran -deur Du Cré - a - teur.

20

Le tra - vail cou - ron - ne Ceux qui l'ont ai -
mé ; Sou-vent on mois - son - ne Plus qu'on n'a se -
mé, Plus qu'on n'a se - mé.

NEUVIÈME LEÇON.

§ 1. — EXERCICES.

§ 2.

19

20

21

22

23

§ 3. — EXERCICES A DEUX VOIX.

24

25
la — — — — — — — la —
la — — — — — — — la —
— — — la — — — — —
— — la — —
26
la — — — — — — — — — — — —
la — — — — — — — — — — — —
27
la — — — — — — — —
la — — — — — — — —
28
la — — — — — —
la — — — — — —

29
la
la
30
la
la
31
la la
la la
32
la
la
la
la

DIXIÈME LEÇON.

§ 1. — DES LIAISONS.

Quand on veut prolonger une note, ou en réunir deux, trois ou quatre en une seule, on se sert de la **LIAISON** : ⌢.

Deux, trois notes, ou davantage, du même degré ainsi liées ensemble ne forment plus qu'un seul son qui a la valeur de toutes les notes réunies.

Ainsi :  sont égales à

On peut lier de cette façon des notes de différente valeur, comme :

§ 2. — DES POINTS.

Outre la liaison, il y a encore un autre signe pour prolonger une note : le **POINT**, qui se place après elle.

Le point prolonge la note qu'il suit de la moitié de sa valeur, ainsi :

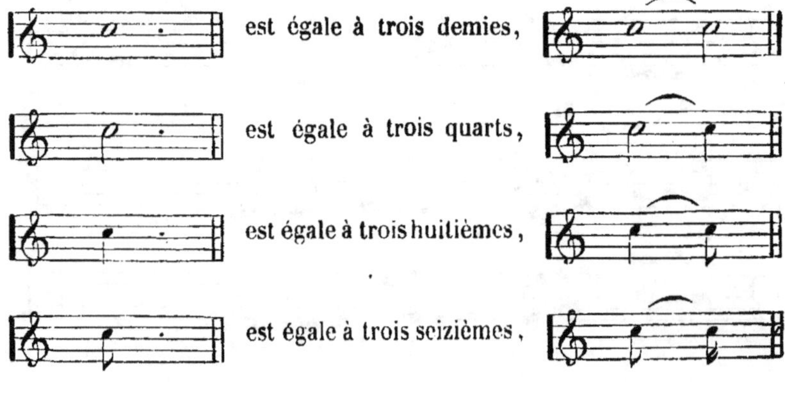

Si une note est suivie de deux points, le deuxième a la valeur de la moitié du premier, par exemple :

Un point surmonté d'un arc sur une note ou sur une pause, comme ou prolonge la note ou la pause bien au-delà de sa valeur.

C'est le seul signe qui arrête le mouvement de la mesure, en prolongeant soit la note, soit la pause. Ce signe est appellé : **POINT D'ORGUE.**

§ 3. — EXERCICES A TROIS TEMPS.

4
5
6
7
8

9

ONZIÈME LEÇON.

§ 1. — EXERCICES.

§ 2.

9

DOUZIÈME LEÇON.

§ 1. — EXERCICES.

En SOL majeur.

En FA majeur.

3

En RÉ mineur.

6

En RÉ mineur.

7

§ 2. — EXERCICES AVEC PAROLES.

8

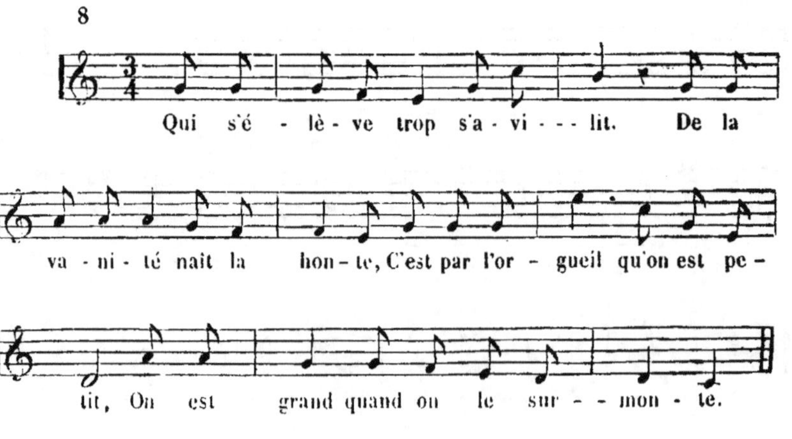

9

So - yez vrai mais dis - - cret, so -
yez ou - vert, mais sa - ge, Et, sans la pro - di -
guer, ai - mez la vé - ri - - té: Ca - chez -
la sans du - pli - ci - té, O - sez la dire a - vec cou -
ra - ge, O - sez la dire a - vec cou - ra - ge.

10

La po - li - tesse est à l'es - prit Ce que la
grace est au vi - sa - ge; De la bon - té du cœur elle est l'i -
ma - ge, Et c'est la bon - té qu'on ché - rit.

11
Le pre - mier des plai - sirs, et la plus bel - le
gloi - re, C'est de pro - di - guer les bien -
faits ; Si vous en ré - pan - dez, per -
dez - en la mé - moi - re, Si vous en re - ce -
vez, ne l'ou - bli - ez ja - - - mais.
12
Sans soin du len - de - main, sans re -
gret de la veil - le, L'en-fant joue et s'en-
dort, pour jou - er se ré - veil - le; Trop
faible en-cor, son cœur ne sau - rait sou - te -

nir Le pas - sé, le pré - sent et l'im -
mense a - ve - nir, Et l'im - mense a - ve - nir.
13
Le pré-sent seul est tout, un coin est son em -
pi - re, Un ho - chet son tré - sor, un
point l'immen - si - té, Le soir son a - ve - nir, un
jour l'é - ter - ni - té. Mais l'hom - me tout en - tier est ca-
ché dans l'en - fan - ce ; Ain - si le fai - ble
gland ren - ferme un chêne im - - men - se.

TREIZIÈME LEÇON.

§ 1. — EXERCICES A DEUX VOIX.

En UT majeur.

1

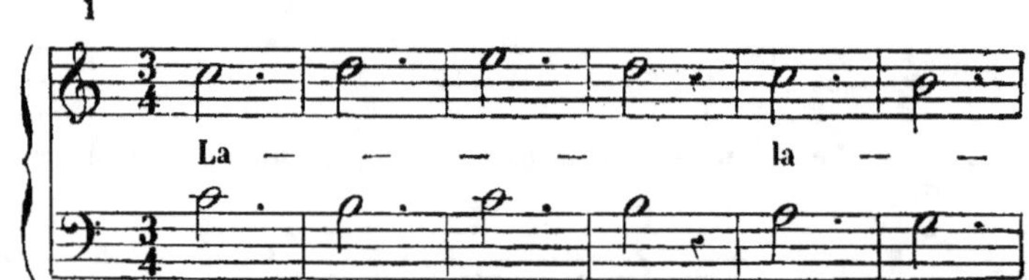

En UT majeur.

2

En SOL majeur

3

En SOL majeur.

4

En LA mineur.

QUATORZIÈME LEÇON.

§ 1. — EXERCICES AVEC PAROLES.

En SOL majeur.

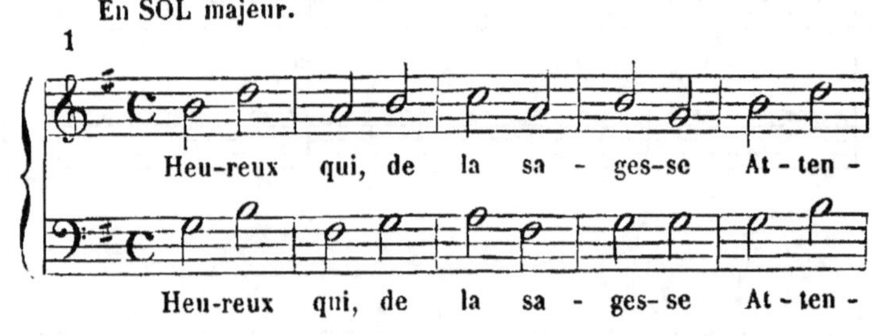

En UT majeur.

7

8
O ca - ba - ne du pau - vre! O de -
O ca - ba - ne du pau - vre! O de -
meu - re cham - pê - tre! Mal - heu - reux qui te
meu - re cham - pê - tre! Mal - heu - reux qui te
fuit et n'o-se te con - naî - - tre!
fuit et n'o-se te con - naî - - tre!
9
1er. Al - lez sur la mon - ta-gne Au point du jour, Quand
2e. U - ne fai - ble lu - miè-re Gui - de vos pas: Au -
3e. Qu'a-lors de la pri - è - re L'é - lan jo -yeux Monte
1er. Al - lez sur la mon - ta-gne Au point du jour, Quand
2e. U - ne fai - ble lu - miè-re Gui - de vos pas: Au -
3e. Qu'a-lors de la pri - è - re L'é - lan jo - yeux Monte
1. tou - te la cam - pa - gne Dort à l'en - tour.
2. près de la chau - miè - re Par - lez tout bas.
3. au ciel et s'é - clai - re Des pre - miers feux.
1. tou - te la cam - pa - gne Dort à l'en - tour.
2. près de la chau - miè - re Par - lez tout bas.
3. au ciel et s'é - clai - re Des pre - miers feux.

10

Mor - tels, tout est pour votre u - sa - ge,
Mor - tels, tout est pour votre u - sa - ge,
Dieu vous com- ble de ses pré - - sents.
Dieu vous com- ble de ses pré - - sents.
Ah ! si vous ê - tes son i - ma - ge, So - yez com-me
Ah ! si vous ê - tes son i - ma - ge, So - yez com-me
lui bien - fai - - sants, So - - yez
lui bien - fai - - sants, So - - yez
com - me lui bien - fai - - sants !
com - me lui bien - fai - - sants !

QUINZIÈME LEÇON.

§ 1. — HYMNE.

est es - - prit et vé - ri - té; Il
est es - - prit et vé - ri - té; Il
est lu - mière, a - mour, su - prême in - tel - li-
est lu - mière, a - mour, su - prême in - tel - li-
gen - ce, Il est es - prit et vé - ri-
gen - ce, Il est es - prit et vé - ri-
Fin.
té, Il est es prit et vé - ri - té.
té, Il est, Il est es - prit et vé - ri - te.
Il est le sou - ve - rain du ciel et de la
Il est le sou - ve - rain du ciel et de la

ter-re, Il est le bras du juste et l'ef - froi du mé -
ter-re, Il est le bras du juste et l'ef - froi du mé -
chant ; Il est le roi des rois, le mai-tre du ton -
chant ; Il est le roi des rois, le mai-tre du ton -
ner - re, Il ren - ver - se l'im - pi - e, il est le Tout-Puis -
ner - re, Il ren - ver - se l'im - pi - e, il est le Tout-Puis -
sant, Il est le Tout-Puis - sant, Il est le Tout-Puis -
sant, Il est le Tout-Puis - sant, Il est, Il est le Tout-Puis -
sant, Il est le Tout-Puis - sant. Les
sant, Il est, Il est le Tout-Puis - sant. Les
Reprenez au
signe 𝄋 jus-
qu'au mot fin.

SEIZIÈME LEÇON.

§ 1.

EXERCICES SUR LA MESURE A SIX-HUITIÈMES,

5
la
la
la
la
6
la
la
la
la
la
la
En SOL mineur.
7
la
la

En SOL mineur.

8

§ 2. — EXERCICES AVEC PAROLES.

9

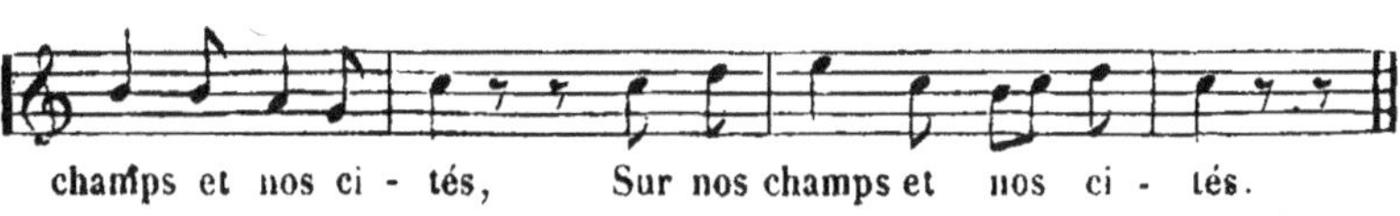

10
De la na - ture en - vain tu
veux è - tre le roi, Mor - tel, sans le tra -
vail rien n'e - xis - te pour toi!
11
Des té - nè - bres l'au - rore a dé -
chi - ré les voi-les, C'est Dieu qui les con - duit; La nuit at -
- tache au ciel d'in-nom - bra-bles é - toi- les, C'est Dieu qui fait la
nuit, C'est Dieu qui fait la nuit.

12

Sur une on - de tran - quil - le Vo - guant soir et ma -
tin, Ma na - celle est do - ci - le Au
souf - fle du des - tin; La voi - le s'en - fle-t-
el - le, J'a - ban - don - ne le bord : Eh!
vo - gue ma na - cel - le, O doux zé - phir, sois-moi fi -
dè - le! Eh! vo - gue ma na - cel - le, Nous
trou - ve-rons un port, Nous trou-ve-rons un port!

DIX-SEPTIÈME LEÇON.

§ 1. — EXERCICES A DEUX VOIX.

2
la
la

la
la

3
la
la

la
la

4

§ 2. — EXERCICES AVEC PAROLES.

5

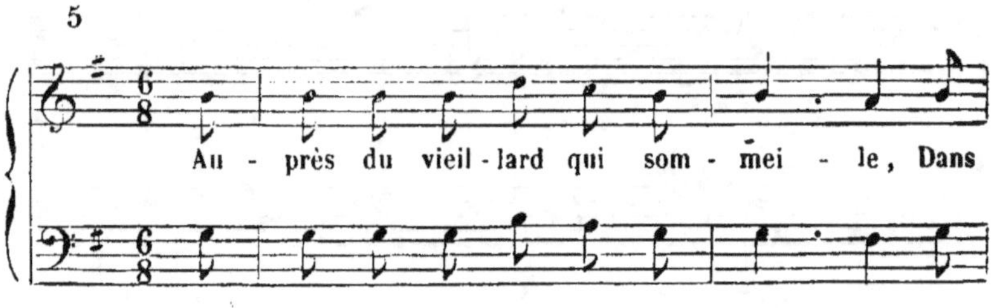

veil - le, L'an - ge que la pi - tié con - duit, L'an -
veil - le, L'an - ge que la pi - tié con - duit, L'an -
ge que la pi - tié con - duit. Cha - ri - té! Vier-ge d'es-pé -
ge que la pi - tié con - duit. Cha - ri - té! Vier-ge d'es-pé -
ran - ce, An - ge d'a-mour et de dou - leur! Ta
ran - ce, An - ge d'a-mour et de dou - leur! Ta
voix a cal-mé sa souf-fran - ce, Ta main es-suie en-cor ses
voix a cal-mé sa souf-fran - ce, Ta main es-suie en-cor ses
pleurs, Ta main es-suie en-cor ses pleurs.
pleurs, Ta main es-suie en-cor ses pleurs.

DIX-HUITIÈME LEÇON.

§ 1. — EXERCICES.

4
la
la
la
la
5
la
la
la
6
la
la
la
la

§ 2. — EXERCICES AVEC PAROLES.

En FA majeur.

7

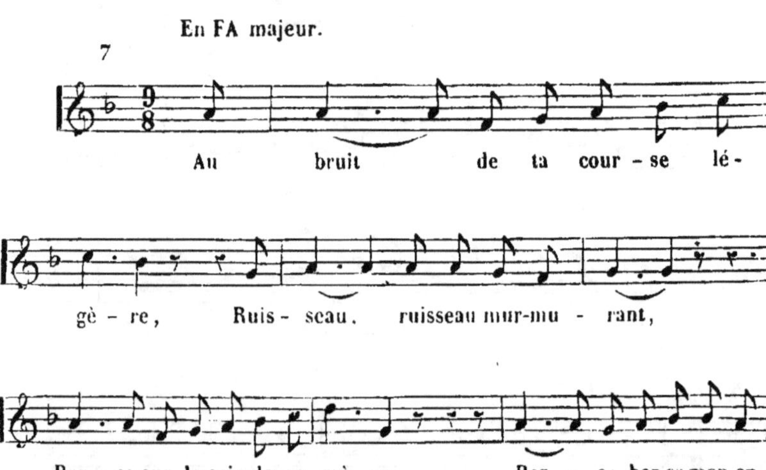

En SI BEMOL majeur.

8

En SOL mineur.

9

10

Mais toi, ruis - seau, ton eau se
jou - e Sur son vert bas - sin, Ain -
- si de mon en-fant la jou - e Ca - res - - se mon
sein, Ca - res - - se mon sein.
11
Comme lui tu sem - bles sou - ri - re, Jo -
yeux, joyeux et pe - tit, Ton murmu - re semble me
di - re Les doux mots qu'il dit,
Les doux mots qu'il dit.

DIX-NEUVIÈME LEÇON.

§. 1. — DES TRIOLETS ET SEXTELETS.

Au lieu de diviser une note en deux parties, comme un quart en deux huitièmes, ou un huitième en deux seizièmes, on la divise souvent en trois; de telles notes sont appelées **TRIOLETS**.

On distingue les triolets des autres, en les désignant par le chiffre 3.

Chaque note peut être divisée en triolets, par exemple :

En doublant chaque note du triolet, on forme un autre groupe de six notes qu'on appelle : **SEXTELETS**.

On le désigne par le chiffre 6.

On exécute les triolets trois à trois, et les sextolets deux à deux, c'est-
à-dire que, pour les premiers, on met l'accent sur la première note des
trois, et pour les seconds sur la première, la troisième et la cinquième
note.

§ 2. — EXERCICES.

5

6

7

8

Chantez les exercices suivants, tantôt comme triolets et tantôt comme sextelets.

VINGTIÈME LEÇON.

§ 1. — DU DÉPLACEMENT DE L'ACCENTUATION.

Quand une note brève tombe sur là partie grave d'un temps et la note longue sur la partie légère, alors la note longue l'emporte sur celle qui est brève, et l'accentuation paraît déplacée.

Ce déplacement de l'accentuation, qui semble détruire le sentiment de la mesure, donne à la musique un caractère tout particulier et en rend l'exécution difficile.

§ 2. — EXERCICES.

6

3

4

5

6

7
8
9
10
11

12
13
14

VINGT-UNIÈME LEÇON.

§ 1. — EXERCICES.

1

2

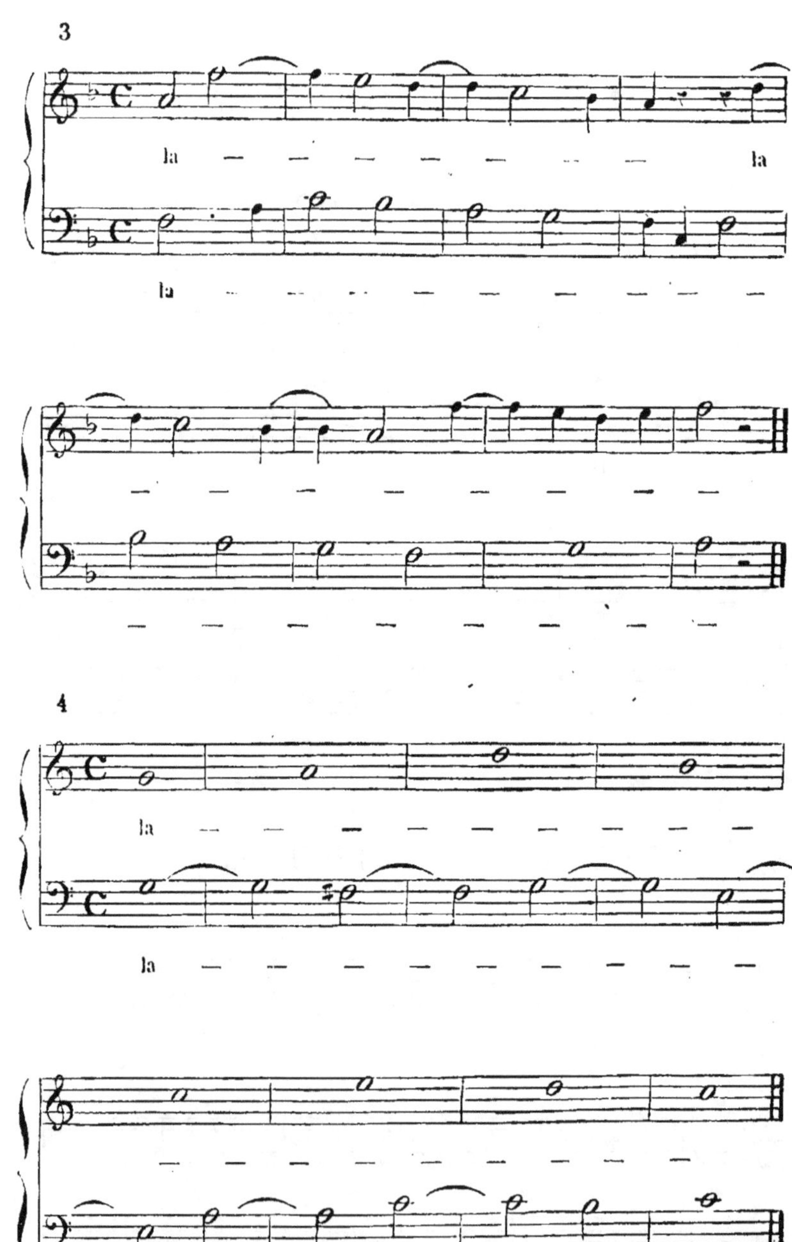
3
la
la
la
4
la
la

5

6

VINGT-DEUXIÈME LEÇON.

§ 1. — EXERCICES A DEUX VOIX.

3

4

5

6

7

8

VINGT-TROISIÈME LEÇON.

§ 1. — EXERCICES.

3
la
la
la
la
la
4
la
la

§ 2. — EXERCICES.

7

8

VINGT-QUATRIÈME LEÇON.

§ 1. — EXERCICES.

§ 2. — EXERCICES.

4
la
5
la
la

6

TERMES ET SIGNES

USITÉS EN MUSIQUE.

Le mouvement de la mesure est plus ou moins vif, suivant l'effet que le compositeur veut produire. On se sert, pour l'indiquer, de termes italiens, ou plus souvent de leurs abréviations.

Voici les principaux :

POUR LE MOUVEMENT:

GRAVE	indique un mouvement	*Grave, très lent.*
LARGO	—	—	*Large.*
LARGHETTO	—	—	*moins large que* Largo.
LENTO	—	—	*Lent.*
ADAGIO	—	—	*moins lent que les précédents.*
ANDANTE	—	—	*Calme, Modéré.*
ANDANTINO	—	—	*un peu plus vif que* l'Andante.
MODERATO	—	—	*Modéré.*
MAESTOSO	—	—	*Majestueux.*
ALLEGRO ou ALL°.	—	—	*Vif, Gai.*
ALLEGRETTO	—	—	*un peu moins vif que* l'Allegro
TEMPO DI MARCIA	—	—	*de Marche.*
RISOLUTO	—	—	*Animé, Résolu.*
VIVACE	—	—	*Vif.*
PRESTO	—	—	*Rapide, très vif.*
ACCELLERANDO ou ACCEL.	—	—	*Accéléré.*
RALLENTANDO ou RALL.	—	—	*Ralenti.*
RITARDANDO ou RITAR.	—	—	*Retardé.*
RITENUTO ou RIT.	—	—	*Retenu.*

POUR L'EXPRESSION.

DOLCE . . . . Doux.
P pour PIANO. . . . . . . Faiblement, d'une voix douce.
PP pour PIANISSIMO . . . . . Très Doux.
F pour FORTE . . . . . . Fort.
MF pour MEZZO FORTE. . . . A demi-fort.
FF pour FORTISSIMO . . . . . Très Fort.
SF pour SFORZANDO . . . . . En forçant.
RINF. pour RINFORZANDO . . . En renforçant.
MEZZA VOCE . . . . A demi-voix.
SOTTO VOCE . . . . D'une voix étouffée.
CRES. pour CRESCENDO ou $<$ En augmentant de force.
DECRES. pour DECRESCENDO ou $>$ En diminuant de force.
$<>$ . . . . En augmentant et ensuite en diminuant de force.

AD LIBITUM . . . . A volonté.

SOLO . . . . A une voix seule.
TUTTI . . . . Tous, ou en chœur.

FIN DE LA METHODE.

TABLE DES MATIÈRES.

FIN DE LA TABLE DES MATIÈRES.

Musique typographique
DE TANTENSTEIN ET CORDEL,
90, rue de la Harpe.

www.ingramcontent.com/pod-product-compliance
Lightning Source LLC
LaVergne TN
LVHW050631060726
842527LV00004B/1257